ありちゃん　あいうえお　かこさとしの71音

かこさとし

1

ありちゃん あいうえお

あひるちゃん　あるく
いぬちゃん　いそぐ
うぐいすさん　うたう

えびちゃん　えらい
おっとせい　おどる

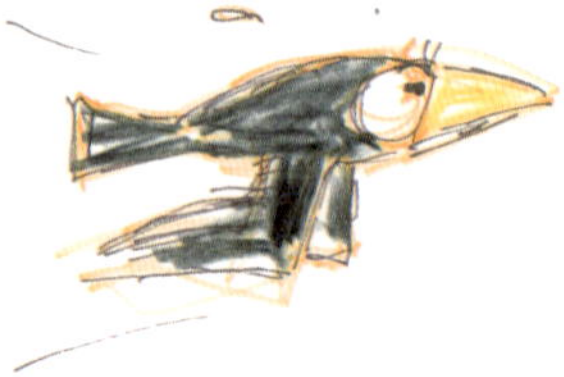

からすちゃん　かえる

きつねちゃん　きれい

くまちゃん　くろい
けむしちゃん　けむたい
こおろぎくん　こまる

がまちゃん　がんばる
ぎんやんま　ぎゃくもどり
ぐんかんどりは　ぐらいだー

げんごろうくん　げんき

ごりらくん　ごねる

さるちゃん　さわぐ

しかちゃん　しずか

すずめちゃん　すわる

せいうちどん　せっかちだ

そうぎょのおでまし　そうろそろ

ざりがにくん　ざんねんだ
じがばち　じまんする
ずいむしが　ずらりいる

ぜんぶそろった　にいにいぜみ
ぞうくん　ぞうりはく

たぬきちゃん　たまげてる
ちどりちゃん　ちかづいた

つばめちゃん　つかれたね

てんとうむし　てにとまる

とかげちゃん　とんでゆく

だちょうくん　だまってる

はなぢでた　みがちぢむ

みかづきのそら　つづくこうもり

でんきうなぎ　でておいで

どじょうちゃん　どろまみれ

なまずのひげ　ながいな

にわとりのめが　にらんでる

ぬまえびちゃん　ぬっている

ねこちゃん　ねむってる

のうさぎちゃん　のぞいてる

はとちゃん　はやい
ひばりちゃん　ひっぱった

ふぐちゃん　ふくれる
へびちゃん　へいき
ほたるちゃん　ほしい

ばくちゃん　ばんざい

びーばーちゃん　びっくりだ

ぶたちゃん　ぶどうずき

べにざけちゃん　べそかいた

ぼらちゃん　ぼんやり

ぱんだちゃんのぱーてぃーです
ぴんぽんしてからぴくにっく

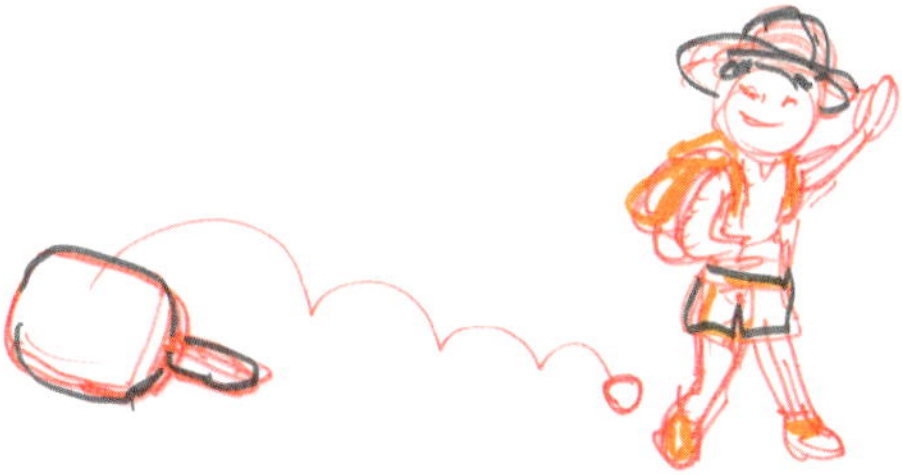

いっぷんまってよ　ぷれぜんと

ぺんでかく　ぺんぎんちゃん

ぽすとのそばに　ぽぷらのき

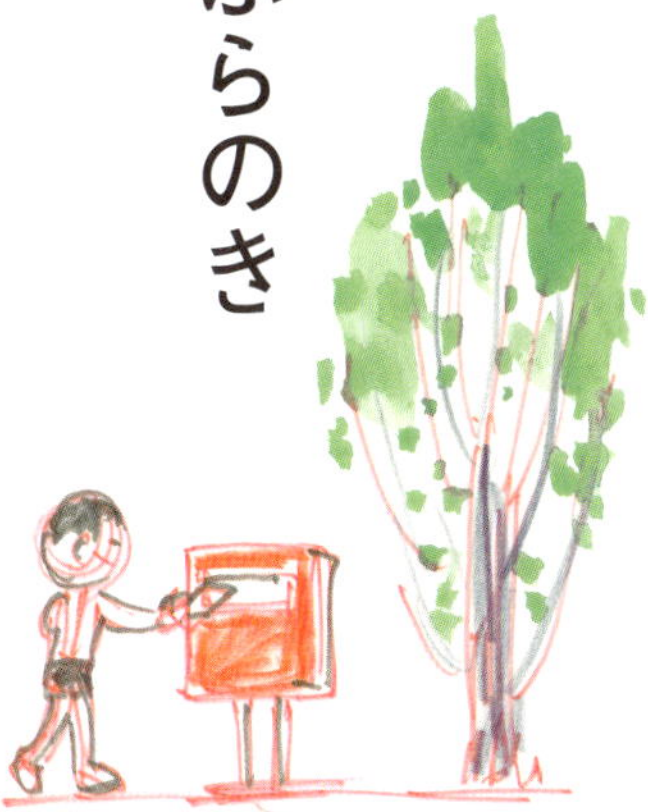

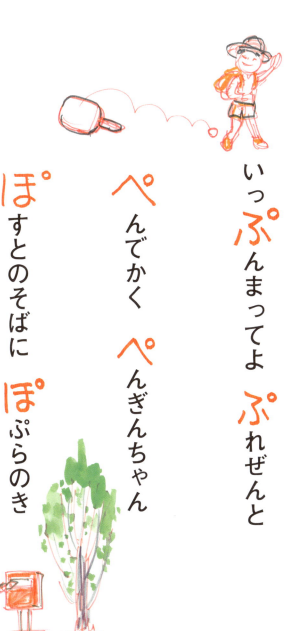

まんぼう　まっている

みみずく　みはってる

むかでちゃん　むきかえた

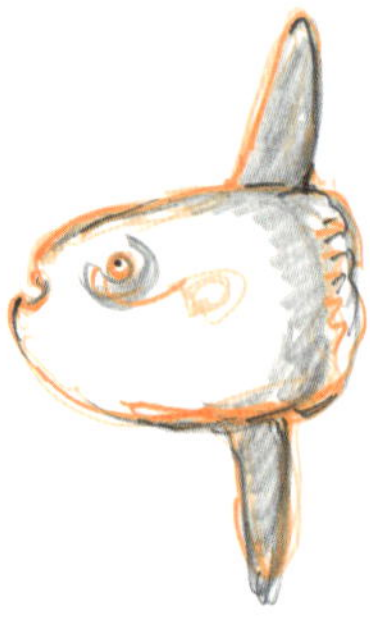

めじろちゃん　めがさめた

もぐらちゃん　もうすこし

やぎちゃん　やさしい

ゆすりかが　ゆめをみた

よたかちゃん　よろこんだ

らくだちゃん　らくしてる
りすちゃん　りょこうしてる

るりちょう　るすばんしてる
れんじゃく　うたの　れんしゅうしてる
ろばちゃんが　ろうかゆく

わにちゃん　わらう

このほんをみて　じをしった

んとこ　おもいな　しんぶんし

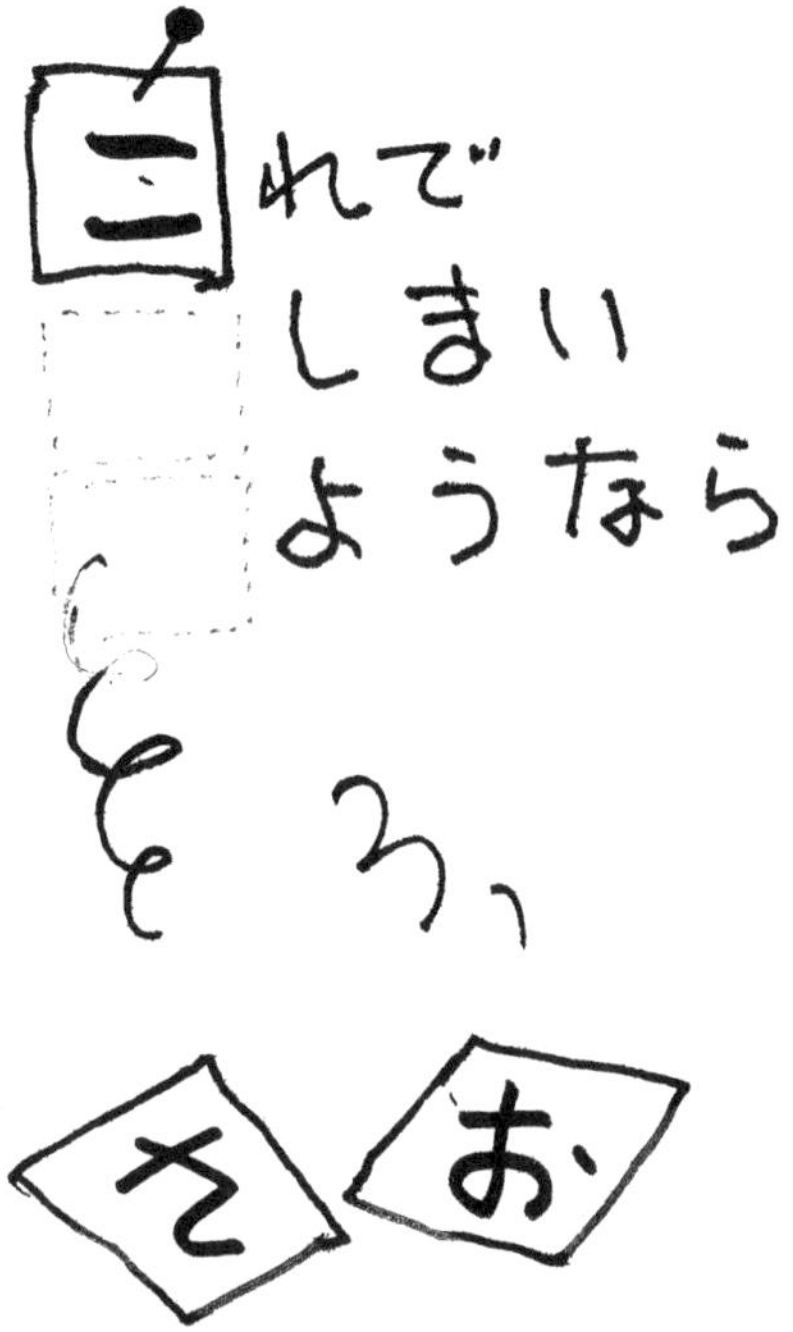
これで
しまい
ようなら
さ
お

・子《こ》どもたちのことばの習得《しゅうとく》は「あいうえお」の順序《じゅんじょ》ではなく、半濁音《はんだくおん》やマ行《ぎょう》のほうが先《さき》となる。
・サ行《ぎょう》や拗音《ようおん》、拗長音《ようちょうおん》は、なかなか難《むずか》しく、5歳《さい》くらいまで充分《じゅうぶん》理解《りかい》できない。
・自分《じぶん》が発音《はつおん》できることを記録《きろく》し、記号《きごう》として覚《おぼ》える ── という原則《げんそく》をまもるなら、子《こ》どもの文字《もじ》教育《きょういく》は50音表《おんひょう》ではなく、45＋25＋1、即《すなわ》ち71音表《おんひょう》がふさわしい。
・本作《ほんさく》はこのような観点《かんてん》から、試作《しさく》した。

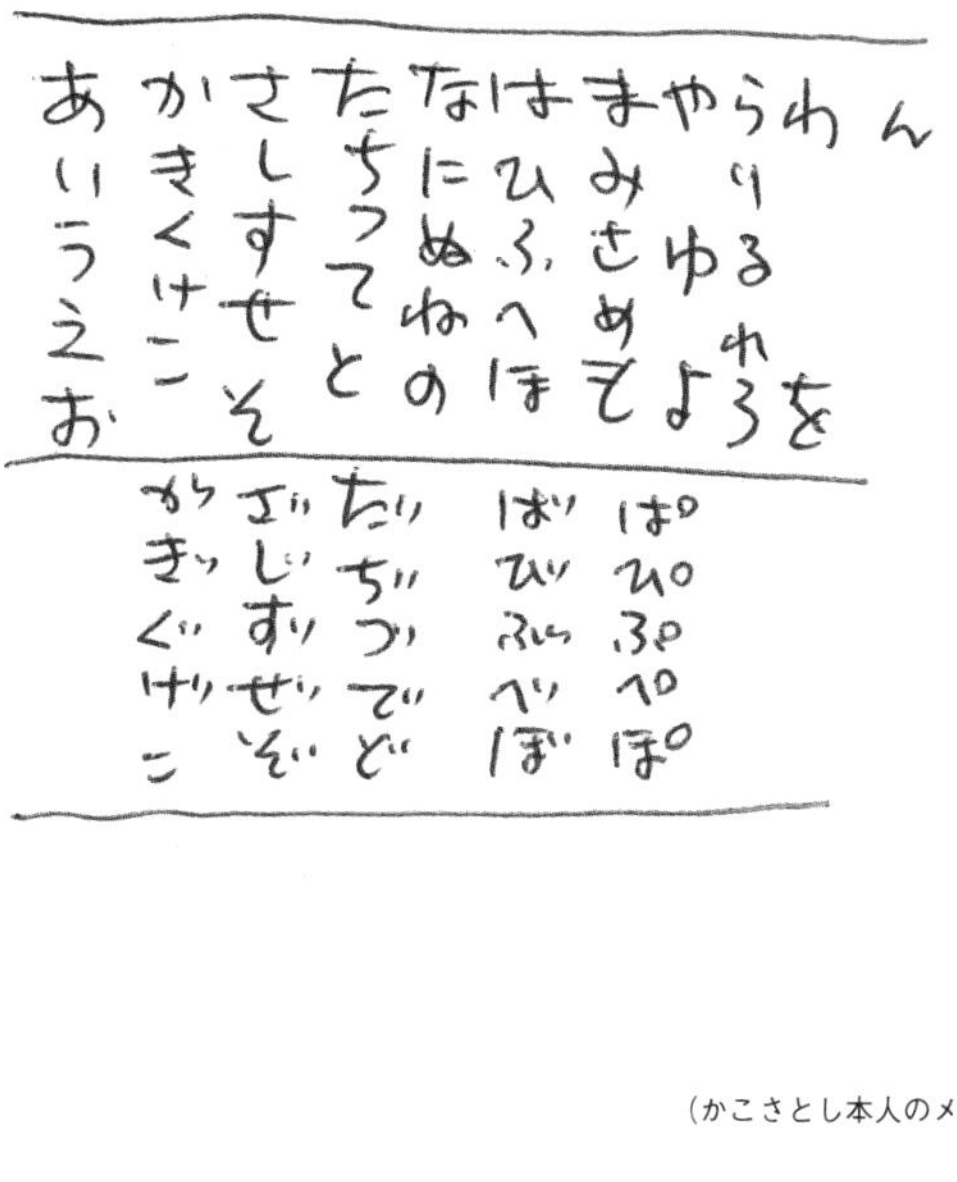

（かこさとし本人のメモ書きより）

2

まごまごのうた

はだかんぼ

おでこと　おでこで
ごっつんこ
おはなと　おはなで
くっちゅんこ
ほっぺと　ほっぺで
にっこにこ

おててと　おててで
ぴっちゃんこ
にぎにぎ　ひらいて
とっちんちん

ぱぱの　おかおを
ぱあちぱち
いたいよ　いたいよ
やめとくれ

あんよと　あんよで
ぺったんこ
ひざの　ぼうやは
いいこ　いいこ
おしりの　まるだし
いけません

ままの　ちゅっちゅっ

ままが　おくちで　ちゅっちゅっちゅっ
たっくん　だいて　ちゅっちゅっちゅっ
あかい　ほっぺに　ちゅっちゅっちゅっ
ちいさい　おでこに　ちゅっちゅっちゅっ

おおきい　おめめ　ちゅっちゅっちゅっ
ぬれてる　まつげに　ちゅっちゅっちゅっ
やわらか　みみたぶ　ちゅっちゅっちゅっ
こしゃこしゃ　おつむに　ちゅっちゅっちゅっちゅっ
ふとった　あんよに　ちゅっちゅっちゅっ
あらまあ　おへそに　ちゅっちゅっちゅっ
たっくん　けらけら　ごきげんで
おふろあがりの　いいにおい

たっくんの　うた

たっくんは
たいようです
まぶしくって
あったかで
ぽかぽか
なみだが
にじみます

たっくんは
たけのこです

ちっこくって
まるこくて
のびゆくちからを
もってます

たっくんは
たまごやき
やわらかくって
ふんわかで
にこにこ
とてもいいにおい

たっくんは
たんけんか
がけでも
あめでも
へいきだし
ありでも
くもでも
てづかみだ

たっくんは
たまてばこ

ないて
わらって
ときがすぎ
おどろいているうち
としをとる

たっくんは
たからもの
ばばとじじの
たからもの
みるくよくのむ
たからもの

たっくんの　におい

たっくんの　におい
いいにおい
ふんふん　あまくて

すっぱくて
あせだか　はなだか
よだれだか

ぱぱちゃんの　かみのけ
にぎりしめ
じっちゃんの　おなか
うちたたき
ばばちゃんの　かたに
にじりつけ
ままちゃんの　むねに
こすりつけ

たっくんの　におい
なみだかな
たっくんの　におい
おしめかな
おっぱいと
ちっこで　かもされた
あかちゃんの　におい
いいにおい

かぶとむし
がんばれ

はが　はえた

たっくんに
ちいさな　はが　はえてきた

くちを　まげて　むにょむにょ
げんこを　なめ　おもちゃを　なめ
ねまきを　なめ　サークルを　なめて
よだれを　ぷちょぷちょ　ながす

スプーンを　くわえて　ぐじゅぐじゅ
おしゃもじ　かんで　もにょもにょ
コップに　かみつき　かっちかち
くちを　とがらし　ぱぱぱぱ　ぱぁー
おはしを　にぎって　かかかかか
ゆびを　おしこみ　ぷーぷーぷー
はいはい　すごい　よだれゴン

ひろきの　うた

ひろちゃんは
ひかりの　こども
ひとみは　そらへ
ひばりと　ともに

ひろちゃんは
ひいらぎの　つぼみ
ひらめき　つよく
こころに　ひびけ

いいこ　いいこ

おもちゃを　なぜなぜ　いいこ　いいこ
くまちゃんの　オルゴール　いいこ　いいこ
ふわふわ　わんわも　いいこ　いいこ

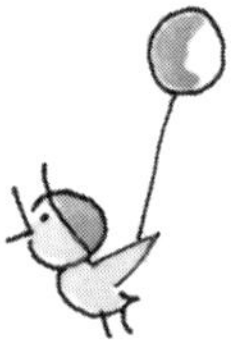

きのぼり　コッコも　いいこ　いいこ
まあるい　かめちゃん　いいこ　いいこ
にんぎょの　ハナちゃん　いいこ　いいこ
ピコピコ　ひよこも　いいこ　いいこ
パパから　おでんわ　いいこ　いいこ
だっこの　ばばちゃん　いいこ　いいこ

おはようさん　おはようさん

おめめが　さめた　おはようさん
チュンちゅん　こすずめ　おはようさん
まえがみ　ママちゃん　おはようさん
パジャマの　パパちゃん　おはようさん
にこにこ　ばあちゃん　おはようさん
しわしわ　じっちゃん　おはようさん

はなくろ　わんわん　おはようさん
しっぽの　にゃんこも　おはようさん

おはなの　コップも　おはようさん
ももいろ　はブラシ　おはようさん
ふわふわ　タオルも　おはようさん
かがみの　たっくん　おはようさん
クチュンと　くしゃみで　おはようさん

きいろい　エプロン　おはようさん
おさらに　おちゃわん　おはようさん
おいしい　ミルク　おはようさん
うまうま　パンちゃん　おはようさん
かわいい　スプーンも　おはようさん
ちいさな　あくびで　おはようさん

ひろちゃん変身《へんしん》

うまれたとき　とても小《ちい》さくて
目《め》のまわりがしわくちゃで
おでこもほっぺも　しわだらけ
新生児黄疸《しんせいじおうだん》のためか
ドン黄色《きいろ》でつやがなく
足《あし》は細《ほそ》くてトリガラのようだった
それでも鼻《はな》はママ似《に》のぺちゃんこで
口《くち》は小《ちい》さくパパゆずり

おしめを取《と》り換《か》え　ババちゃんは
チンチンりっぱとほめちぎる
青《あお》いおしりの斑点《はんてん》だって
アフリカ大陸《たいりく》と　マダガスカル
くっきり大小《だいしょう》二つある

さむい一月《がつ》　よくねむり
つめたい二月《がつ》は　おふろずき
おっぱいよくのむ　ひろちゃんは
ボサボサ頭《あたま》のソラマメちゃん
おでこの張《は》った　おたふくちゃん
こうしてやがて

三月《がつ》　さやかな春《はる》の風《かぜ》
四月《がつ》　しずかな桜《さくら》がさいて
小《ちい》さな青《あお》い実《み》をつける頃《ころ》
おっぱいのみたい兄《にい》ちゃんは
いっしょのベッドにもぐりこみ
赤《あか》ちゃんがえりや　やきもちや
甘《あま》えて　ぐずって　やつあたり

それをよろこぶひろちゃんは
まるまるほっぺがふくらんで
西洋《せいよう》なしか　ブタだるま

歩行器《ほこうき》バス

ひろちゃんをのせて――

ブーブー
ブウー　ブウー
歩行器《ほこうき》バスの　はっしゃです
おのりのかたは　おいそぎください
はい　はっしゃ　オーライ

ブーブー
みなさま　まいど
ごじょうしゃ　ありがとうございます
つぎは　おてあらい
トイレわき　ていりゅうじょです
おおりのかたは
ございませんか

ブーブー
つぎは　おふろば
ジャブジャブジャブまえでございます
おおりのかたが　なければ
とめずに　まいります

ブーブーブー
つぎは　キッチン
だいどころでございます

こんやの
ごちそうは　なんでしょう
おいしい　うまうまでしょうね

ブーブーブー
つぎは　れいぞうこまえ
リンゴばこよこでございます
じょうしゃけんは
めいめいで　おもちくださーい

ブーブー
つぎは　おもちゃべや
えほんぶんこまえでございまーす

ブーブーブー
ブーブーブー
もしもし
バスどおりで　ねているのは　たっくんですか
こうつうが　できなくなりますから
はやくおきてくださーい

ブーブーブー
しかたが　ありませんね
バックオーライ
ブーブーブー

ばあばあちゃんの　むかしばなし

ばあばあちゃんの
おはなしは
とってもとっても
おもしろい
むかしむかしの　そのむかし
おっきな　ももが
どんぶりこっこ
どんぶらこっこと
ういてしずんで

ゆられてながれてきたので
じゃぶじゃぶせんたくばばちゃんが
どっこいしょと　ひろったら
おおきな　もものみが
パチンと　われ　なかから
かわいい　あかちゃんが
おぎぁおぎぁ　こんにちはと
うまれましたと　さっさっさ

ばあばあちゃんの
おはなしは
なんだか　どこかが
おもしろい
むかしむかしの　そのむかし
おっきな　たきぎを
せおった　ばばちゃんが
あっちへ　よろろ
こっちへ　ゆらら

せなかいたむし　あしつかれ
おまけに　かた　こし　やみづかれ
はてさて　よわって　こまっていると
ピーヒョロ　とんびが　やってきて
チュンチュク　すずめも　よってきて
クチクチ　つばめも　とんできて
やさしい　ばばちゃん
たすけましたと　さっさっさ

じいじ山登攀記《やまとうはんき》

まず　たっくんが　どさっと　せなかを　こうげきする
じいじ山《やま》の　こしぼねに　とりついて
かたに　あしかけて　よじのぼる
みみの岩《いわ》を　てがかりに
しらが峠《とうげ》に　なんとか　とりつくと

まっていた　ひろぼうが
まえから　どちんと
まんぷく山《やま》に　だっこする
「いたいぞ　おもいぞ　こら　こら
そんなとこ　ひっぱるな
だめだめ　それは　あぶない　やめろ　あぶない
あぶないよ」と
そんなさけびや　おどしには
とまどい　ためらう　ふたりではない
なにを　なめたか　べちゃべちゃ　よだれを　にじりつけ
あごやら　いればを　つかんで　ひきよせて
くちびるのなかに　ゆびをかけ

そのまま　じりじり　よじのぼり
ぺたぺた　あしを　こすりつけ
なめるわ　かじるわ　ひっぱるわ
ほっぺたなんか　つまらない
はなのあなやら　みみのあな
のこるは　めんたま　くちのなか
かじる　かみつく　くらいつく
しゃぶるわ　なめるわ　ちゅうちゅうちゅうちゅう
めがねは　なかよい　おもちゃにて
いれば　がたつき　はずしたら

きを　とりなおし　しらが山《やま》
かきわけ　かきわけ　ふたりの
うしろと　まえから　共同《きょうどう》で
じいじ山《やま》の　いただきで
かさなりあって　ばんざいだ

あとがき

俳句、詩、文章。加古里子は物心ついた頃から時間があれば何かを創り、書き、描いていました。編集者が置いていったダミーブック（書籍製作前に本の厚みや大きさ等を確認するための、印刷がない白紙本）に自分でカバーをかけ、背には「まごまごのうた」、表紙には「マゴマゴのうた」と鉛筆書きされた１００ページ余りの本が書斎の本棚の片隅にいつの頃からか置いてありました。

ここにある詩はその中から取り上げたもので、二人の孫の成長を間近に見つめて切り取りながら創作したものです。初めての孫、しかも自分の子は女の子だけだった加古にとって初めての男の子二人に「マゴマゴ」しながらあやしたり、遊び相手になったり。孫たちが保育園に出かける前に自宅から孫たちの住む家にいそいそ通い見送っては、夕方は同様に帰りを迎える。どんなに忙しくてもそんな習慣を孫たちが高校生になるまで続けていました。

2018年4月、詩集出版のお話をいただき、照れながらも嬉しそうにしていた加古里子の笑顔が思い出されます。お子さんたちに、そしてかつて子どもであった皆様に親しんでいただけたら幸いです。

加古里子・長女　鈴木万里

ありちゃん　あいうえお

かこさとしの71音《おん》

二〇一九年三月五日　第一刷発行
二〇一九年五月一三日　第三刷発行

著者　かこさとし

発行者　渡瀬昌彦
発行所　株式会社　講談社
〒一一二-八〇〇一
東京都文京区音羽二-一二-二一
電話　編集　〇三-五三九五-三五三四
販売　〇三-五三九五-三六二五
業務　〇三-五三九五-三六一五

印刷所　共同印刷株式会社
製本所　大口製本印刷株式会社
ブックデザイン　脇田明日香
編集協力　加古総合研究所・鈴木万里
五十嵐千恵子

※「ありちゃん あいうえお」初出：『かこさとし あそびの大宇宙10 んちゃんがまめたべてのあそび』（一九九一年 農山漁村文化協会）

 N.D.C.911 79p 20cm ISBN978-4-06-514269-1